KB260041

행복 주머니

맑은 물은 향기가 없다. 그 물 한 잔 같이 나누자

행복 주머니

글 그림. 수안

맑은소리 맑은나라

행복 주머니

행복주머니

찔레꽃 붉게 피는 그 노랫말은
제주에서 토종 붉은 찔레 묘목이 보내줘서
정성스레 길렀다.
정묘 오월 단오절에 붉은 찔레꽃 피는
것을 살펴보고 글 쓴다.

행복 주머니를 그대에게 드린다.

산이 좋아 산에 산다.
5년여 작은 책자 표지와 글, 그림 그리고
아랫절 큰절 '등불' 잡지에 실렸던 글과 그림을 묶었다.

하늘의 수많은 별들이
초록 뜰에 꽃으로 피고 있다.

맑은 물은 향기가 없다.
그 물 한 잔 같이 나누자.

2017. 오월 단오절
오색 영롱한 영축산 수안

행복 주머니

화엄의 꽃밭에 노래하는새
華嚴 의 꽃밭 노래하는새

참선

날숨. 한 번
들숨. 한 번
나는 누구일까?
날숨 들숨 쉬면서
부르는 노래
삶과 생명나누기
소중함이여
영혼의 노래여

2012년 2월 6일, 음력 정월 보름,
시베리아 바이칼 호수 알혼섬에서

맑은 마음 행복 가득

기쁨

기쁨을 만들면 뒤에도 기쁘고
선을 지으면 금생 후생이 기쁘니라.
이 기쁨은 기쁨을 생각하게 하고
행복을 느끼면 마음이 편안합니다.

부처님 오시네요

부처님 오시는 날
행복 나눔

석양

바닷가

백사장 파도 앞에 서신

노스님은

화엄경이시다.

무진년 팔십오회 생신(85회 생신)

감사하고 고맙고 즐겁습니다.

불화장 석정 스님 80생신을 위한 축시

어진 의 원이되고
병든이에게는

깨달은 이는

생각은 달아나 그침이 없어
끊어지지 않고 끝이 없어도
복은 악을 막을 수 있으니
깨달은 이는 현명하느니라.

길 잃은 이에게 바른 길을 가르키고

지금
기쁘면

지금 기쁘면 뒤에도 기쁘며
선행하면 두 생이 기쁘니라.
그 기쁨 스스로를 복되게 하고
받는 행복과 기쁨이 쌓이느니라.

어두운 밤중에는 光明이요
우리나라 4345年

덕을
지으면

좋은 사람이 덕을 지어가면
서로 따라 쌓고 증가해
달콤한 마음으로써 그것을 하니
행복이 자연스레 부응하느니라.

가난한 이에게는 보배를 얻게하니

선행과 예절에
능숙하면

선행과 예절에 능숙하고
항상 장로를 공경하는 이,
네 가지 복이 자연이 증가하고
건강하며 오래 살고 편안하니라.

산높고
물맑은
기름진 땅
풍년이
오늘이네
우리 나라
만세 만세 만세

산소 같은 餘山齋人이여

몸집 작은 동박새
온 정성 다해 쪽빛 바다를 건널 즈음
힘들고 외로움도 날개짓 하나에 의지해
높은 산 넘고
풀숲 푸르게 푸르게 높이 날았다.

파아란 하늘 가득
세상 사람 바라보는 지혜

날개짓의 모자람
높은 산, 깊은 골
그곳에
사랑하는 사람 벗들 불러 모아
시詩 속에 노래 춤
바람 스치는 풀꽃 향기 맑고 밝아
산소 같은 당신
18 餘山齋人이여.

2015년 11월 22일 수안

감사와 기쁨의 아리랑

아리랑은 즐겁고 아리랑은 기쁨이며
아리랑은 고마움입니다.
아버지가 부르는 아리랑은 우렁차고
어머니가 부르는 아리랑은 자애롭습니다.

형님도 아리랑 누이도 아리랑
호프집에서 일하는 미스킴도 아리랑
우체부도 아리랑 노숙자도 아리랑
우리 민족의 아리랑 화랑의 찬미 아리랑
슬플 때도 아리랑 기쁠 때도 아리랑
이 세상 태어남을 감사하는 아리랑

사랑하는 생명나눔 봉사자들
다함께 아리랑 아리랑 아라리요,
아리랑 고개를 넘어 간다 넘어 온다.
가고 옴에 걸림 없는 마음의 아리랑
즐거운 마음으로 아리랑 아리랑

새해

새해를 맞습니다.
우리 당신에게도 감사합니다.
우리 그이에게도 감사합니다.

우리 생명나눔 봉사자들에게도 감사합니다.
슬프고 고달팠던 일도 감사합니다.
즐겁고 좋았던 일도 감사합니다.

이 세상 모두에게 감사합니다.
금년에는 풍년이 들려나
하얀 눈이 내립니다.

나무미륵존불

동방 빛 태양 빛나고
서방 맑은 달 청옥빛이어라.
남방 십자성 길게 빛나고
북방 칠성별 은하수 물빛 같은 이 눈물
어이 감당하오리까.

우리님 큰스님 원적드시네.
단정히 앉아 입정하시듯
큰스님 우리님 원적드셨다.
상방 하늘 흰 눈 날려 날려 용화세계
하방 꽃밭 오색 우담바라 향기 가득한데
오직 남은 것은 송 도 활 성
(바람, 물, 소리 모두 살아 있다)

나무미륵존불
나무미륵존불
나무용화교주 미륵존 여래불

아버지
전상서

깊은 산 개울가에 산동백 꽃가지 하나가
하얀 이조백자 화병으로 시집을 왔습니다.
하늘에 달님과 맑은 개울물 소리는
덤으로 데리고 왔습니다.
봄을 기다리는 나비가 되어 훨훨 날아서
꽃밭을 수놓고자 합니다.
아버지 사랑합니다.

사모곡

누가 지었을까.
어머니 이름 석 자
기쁠 때 불러봐도 어머니
슬플 때 불러도 어머니
아무리 불러봐도
싫지 않은 그 이름 어머니,
어머니.
매화꽃 띄워
차 한 잔 대접하는
아기가 됩니다.

차^茶나 머금세

여보게 벗, 차^茶가 있네.
차^茶 머금으면 심신^{心身}이 맑아지고
세상 모든 일 즐겁게만 보인다네.
몸은 사바^{娑婆}에 머물지만
마음이야 속진^{俗塵}에 물들 수 있는가.
담담한 맛이 차^茶의 묘미^{妙味}라네.
인간사 모두가 다 그러듯
친한 벗은 하나 둘 보이지 않고
새로운 벗 사귀자니 힘이 들고
궂은 일 좋은 일 의논하면서
산 그늘 내리는 고구^{故丘} 그리며
여보게 벗, 차^茶나 머금세.

괴로우면 우세요

이 세상 살다가 살아가다가
너무나 힘들고 괴로울 때는
바닷가 파도를 가슴에 안고 울어봅니다.
끝없이 몰아치는 파도야
너도 힘들고 괴롭더냐
답답한 가슴 횡 뚫리게 울자 실컷 울자.

천당과 인당의 크신 님이시여
마음 가득 담아진 자비심이여
당신과 함께 울어봅니다.
부처님 당신과 함께 웃어봅니다.
사람 사람들과 웃어봅니다.
우는 것도 공부인 줄 알았습니다.

그 곳

파도가 몰려 왔다 갔다 하는 그 곳 ,
갈매기 울음소리도 있고
작은 자갈돌 파도에 밀리는 소리
자갈 자갈 자갈 자갈 노래 하는 곳,
석양이면 수평선 너머로 노을이 고운 곳,
저만치 돛단배 어디론가 떠 지나가고
동네 아이들 왁짝지껄 할 때
시끄럽다 하시던 할아버지
오늘은 유별나게 뵈고 싶습니다.
여름이면 더욱 그리운 나의 고향입니다.

菊
秋

만추

옥잠화 하얀꽃
그 옆에
꽈리 열매가 주황색 깃발 날리고

아장 아장 작은 아기가
나를 보고 웃습니다.

사람 향기가 납니다.

작든 크든
사람이 사람 향기를
맡는다면 참 행복입니다.
이 향기를 나누고자 합니다.
웃으세요.

코리아 천 년 전

별빛 총총히 내리는 날
시베리아 벌판에 태극깃발 날리고
한국의 선화 전시회 그 날
까레이스키인, 몽고인, 중국인, 러시아인
손 모아 입 모아 아리랑 아리랑 아리랑을 불렀습니다.

한국의 아리랑이 세계인의 아리랑 되고
까레이스끼 위령탑에
꽃과 향 올리고 반야심경 봉독송과
영가 천도재도 있었습니다.

러시아 티브이 4~5개 방영 후
길거리 사인회도 있었습니다.

한국 불교선화 전시회 있던 날
우담바라꽃 향기가 가득 가득 하여
사람과 사람들 가슴 가슴에
응얼짐 풀어져지이다 라고
두 손 모아 합장합니다.

선화 禪畵

벼루돌에 먹을 갈고 있습니다.
그림을 그리려고 먹을 갈지 않습니다.
다만 먹을 갈고 있습니다.

나를 갈고 있습니다.
마음을 갈기 위해
먹을 갈고 있을 뿐입니다.

하루 종일 먹을 갈고 있습니다.

밥 먹고 하던 일 하라시던
어머니가
오늘은 유난히
보고 싶습니다.

친구야

예쁜 마음은
꽃씨가 되어
가까이 멀리
날려 보내자.

관세음보살 기도가
새해 아침 햇님이시고
달님에게
관음기도 하자.

친구야
관세음보살 같은
내 친구야.

갑오년아침

어머니 이름

하늘색은 누가 칠했을까요.
실개천 뚝길은 누가 만든건가요.
소나무는 누가 심었나요.

종알대는 아이 질문
하나 하나 대답하는
어머니 당신은
우리 어머니

그 이름
누가 지었을까?
부르고 또 불러도
참 좋은
어머니 이름
우리 어머니.

聖 어머니께 드리는 詩

어머니
우리 같이 길을 가요.
실개천 흐르는 뚝길
어머니
같이 길을 가요.
어머니
멍멍이가 나비와 술래잡기 하나 봐요.
어머니
목말라요.

청초하고 우아하고
부부애가 유난히 깊은
학鶴은 예로부터
우리들의 벗이고 자연이고 동물이다.

차※ 한잔 마시고 가요, 어머니
우리 손잡고 가요. 어머니

영축 총림 통도사 극락선원장 명정 선사님의
칠순잔치에 참석지 못해 이 시로 미소 짓습니다.

차선노 ^{茶禪奴}

극락 가는 길 없는 그곳에
명정^{明正}이 있다.
청청^{靑靑} 푸른 솔 잘생긴 늘씬함도
맑은 바람소리는 더더욱 아니올시 다.

령^嶺마루 어디메쯤 꼭 있었음 하는
그곳에 마르지 않는 웅달샘 옆에

붙박이 반석돌처럼
온 산을 품에 안고
파란이끼 데불고
거기 있다.

토종 간장 짜디짠
차^茶 한 종바리 입에 물고

묘한 미소는 미륵님이신가,
노송^{老松}의 옹이살 고원^{古園}으로 있다.

이 순간 나는 누구와 함께

부처님 부처님
석가모니 부처님

꽃이 피네요, 꽃이 피네요.
우담바라 꽃이 피네요.

팔정도八正道 하나하나가
꽃이 되어 피어 나네요.

탐내는 마음과
성내는 마음도
어리석은 마음이
지혜의 큰 등불이 되어
중생의 꽃이
부처의 꽃 우담바라로 피어나네요.

꽃이 피네요, 꽃이 피네요.
우담바라꽃 피네요.

아버지

당신이 앉은 자리에 꽃이 피었습니다.
꽃을 보는 많은 사람들이
저 꽃 예쁘다 합니다.

아버지
당신은 깎아지른 절벽 위에 앉아있는
그런 분이다 생각도 했습니다.
제 생각이 짧았습니다.
잘못했습니다 용서해주세요.

아버지
작은 연못가에 꽃이 피었습니다.
빙그레 웃으시는
아버지 모습 닮은 꽃이 피었습니다.
아버지 감사합니다.
또 감사합니다.

갈여름풍경

휴가

어머니 고향은 바닷가 갯마을
할아버지, 할머니
이모 두 분 그리고
개구쟁이 외삼촌

갈매기 울음소리도 있고
하얀 파도 알도 있다.
그 가운데 나도 있다.

내년 여름에는 작은 배로
이 세상에서 제일가는 구경을 시켜준다는
그 약속, 귀에 쟁쟁한데
어렵쇼
십 년의 세월이 흘렀다.

나무 나무
관세음보살 마하살

한 곳
한늘아래

바루

바루 하나 들고
천하를 걸림 없이
돌아다니는
수좌여

오늘 밤 나무 아래서
선정삼매에 드시네.

세상사 고단하다 마소,
부처님 세상인걸

큰 웃음으로
바루나 씻으세요.

산중추 山中秋

여름을 전송하고 돌아서는
귀뚜라미가 울고 섰다.

밤나무 알밤은 새벽잠이 없나.
함석 지붕 위로 톡 톡 뛰어내려
새벽잠을 깨운다.

키가 엄청 큰 감나무 아래 서서
파란 가을 하늘 가득 메운
주홍색 예쁘게 익은

감 감 감

키 작은 아이가 손을 들어
잘 익은 홍시를
손가락으로 가리킨다.

입동^{立冬}

모두 떠나버린 터미널
오후 햇살 따순데
삽살이 졸고 있다.
은행잎 바람따라 날려
대합실 가득 단풍잎이다.

불현듯 그리운
어머니

……

나는 누구일까?

마음 비우며 물어본다.

관음보살

시골 농협 여자 직원
정면으로 보면 얼굴이 동그랗고
옆에서 보면 더 동그랗고
눈을 보면 예쁘다.

십이월 달력
내 마음 거울에 비치는
얼굴들
근심 걱정 비워버린
그런 얼굴들

환희심 넘치는
예쁜 얼굴들
거울에 비친 관세음보살님

水仙花 당신에게

여행, 겨울 여행은 별미다.
눈 내린 손질 잘된 고속도로 옆
키큰나무 설화雪花 참 좋다.

들숨 날숨 따라 염불念佛 모신다.

우리 스님 삶과 생명 인연 만드시사
법구 화장하신 날
미국 하늘 아래서 울었다.
어머니 염불 모시다.
조용히 저 세상 가실 때
참 맑고 밝았다.
나는 아직 허득이고 있다.
예쁜 꽃[水仙花] 좋아하고
시궁창 냄새는 싫다.

공중화장실 벽면에 수선화, 화병에 있다.
심호흡하면서 염불선합니다.

춘광 春光

어머니 봄나물 바구니
닷새 장 가시고
장독대 넘어
꽃가지 위에

한 쌍 나비 춤

봄볕 아련하다.

花中華

꽃 가운데 제일 예쁜 꽃은
사랑하는 사람의 미소짓는 얼굴

여래화^{如來花}

등불 밝히니
온 세상 꽃밭이다.
우담화꽃은 웃고
봉황새는 노래하고
범나비는 춤을 춘다.

옴

우주의 맑고 힘찬 기운이 모인다.

옴

느리고 힘차게

옴

마음 살피면 각覺
사물事物에 마음 빼앗기면
범부중생凡夫衆生
이 순간
나는 누구일까?
화두 살핀다.

남으로 가는 배

멀리 바라보라 하신
우리님 크신님
아버지의 아버지
제삿날

기우제 지낸 다음날
웃으면서 전하는
갈라진 논바닥 물이 가득찬 날

관세음 관세음
관음기도가 영험했다고
외숙모 웃는 모습
관음 닮았다.

靑鶴舞

성질 급한 코스모스 하늘 그린다.
파란 하늘 저 너머로
청학이 되어 날고 싶은 마음
화선지에 담아본다.

생명나눔실천본부
직원님들 회원님들
건안 하시길
합장 합니다.

삶과
생명나누기
을미 중 추

칭찬

바닷가 절벽 위에
솔나무
태풍 스칠 때 상채기가 나고 아픔은
옹이 살이 되었다.

시인은 솔나무 시를 짓고
화가는 솔나무 그림을 그리고
사진가는 솔나무 사진을 찍는다.

잘생긴 소나무
예술로 승화되었다.

햇님과 달님
바람과 비 있으매

당신의 칭찬 한마디가
삶과 생명나누기의
힘과 용기가 됩니다.

仲秋
珍瓏한 명품산
볽달
숨과
생명 나누기

가을편지

빈아
하루하루 힘든 일상을
나는 꿈이 있다.
나와 너 함께 하는 꿈이 있다.

통영 미륵산 미래사 노인요양원
음악 봉사팀들과 함께 했다.
마이크 들고
천등산 박달재 넘었다.
박수소리 뒤로 하고

하산길은 등 뒤로 산을 끼고 탁 트인 바다를 앞에 둔 어촌마을
지붕너머로 키 큰 감나무 가지에 붉은 감이 많이 달렸다.

석양노을 사이로 용화사 저녁 종소리
환희와 웃음꽃 향기 가슴에 담아
이웃과 함께 하고 싶다.

삶과
생명 나누기

참 좋은 인연입니다

현미경으로 보이는 작은 세포 두개가
하나로 뭉쳐 어머니 태중에서 자라나서
세상으로 태어난 아기 참 예쁘다.

참선공부는 사람과 천당의 큰스승 재목
다듬는 공부중 공부다.
육바라밀 정진공부
나는 누구일까?

삼세제불이시여
제가 화두정진하다 죽거던
내가 사랑하는 대한민국
젊은 의료진의 인재양성에 보탬이 되고
인체해부연구에 도움이 되고자 함을
간절히 원함입니다.

장례절차는 불교화장 후 바닷물에 넣어 주면
부모님 고향이 작은 섬마을입니다.
인사말이 있습니다 참 고맙습니다.

삶과
생명
나누기

어머니 기도

무풍천^{舞風川}, 갈대꽃 질무렵
산에도
들에도
길 위에도
눈이 내린다.

온세상 하얗게
마애불 앞에 서서, 기도하는 어머니
망부석 인양 기도삼매이다.

어머니 어깨 위 소복이 쌓인 눈
두손 합장으로 용서가 되고
어머니 기도가
우리 모두 환한 얼굴.

감로차

명산에는
맑은 샘물이 있고
좋은 차가 있다.

흙을 사랑하는
도공이 빚은 그릇
빨강 노랑 파랑
희고 검은 유약 발라

천이백도 불에 구운
오채색 그릇에
정성 다한 차 한 잔

삼세제불님께 올립니다.
되돌아와 모든 중생들
성불하소서.

趙州 無

각^覺

해 뜨는 아침
잠자는 아기 연지볼 곱다.
지는 해 노을
칭을대는 아이
사람아
지금 이 순간
깨어 있는가?

오색영롱한 영축산

노란 생강나무 꽃차

노란 생강나무 꽃을 따서
음지에서 말려
따슨 차로 마시면
색다른 맛과 향이다.

생강꽃 차茶는
꽃, 향이 좋아

기쁜 미소 절로 나온다.

까르르 웃음소리 없어도
소복 소복 쌓이는
복福
가난한 살림살이들
흰눈처럼 쌓여라.

엄마 손은 약손

우리 아기 미운 네 살
먹성 좋아 맛나게 먹고
큰소리 내고 울면서
배가 아야
엄마 배가 아야 한다.
엄마는 쏜살 같이 달려가
아기배 쓰다듬어 주며
우리 아기 복배
엄마 손은 약손
우리 아기 복배
엄마 손은 약손
아기 잠든 모습
엄마는 바라보고
아기와 엄마 번갈아 바라보는
우리 아빠
아기 배는 복배
엄마 손은 약손
아빠 눈은 행복

한 부처 한 등불

한 등불은
한 부처라.
부처 등불 밝힘은 인연 중 인연
이팝나무 꽃
조팝나무 꽃
민들레 하얗게 밝은꽃 홀씨 날아라.

나랑 너랑 그랑
등불 밝히는 좋은 인연으로
파란 하늘에 잠자리 떼지어 떠 있다.

등불 밝히는 마음
행복한 마음
한마음

오색영롱한 영혼이요

아버지의 땅

아버지의 경운기에는 잡화전이다
퇴비 싣고 밭으로 나고
채소 실고 오고
곡식 싣고 마당에 들어서면서
시장 하다 한잔 주오
잔 기울이고 시락국 드시며
어……
시원하다.
뜨거운 국물 드시고 시원하다.
그 말씀

당신도 한잔 하소!
잔 받으시는 어머니 얼굴은
언제나 홍화 꽃밭이다.
희끗한 머리칼 날리며
아버지 넉넉한 웃음 뒤로
석양 노을빛 유난히 곱다.

향기로운 인연

새벽 도량석 목탁소리
중생의 어리석음을 맑게 깨운다.
남해 보리암 새벽 뜰
하얀 구름 바다다.
욕지도 연화도 두미도 세존도 섬
점을 찍은 듯 한 점 그림 인듯 하다.
아픈 가슴 달래는 기도 겸 여행이다.

뇌사한 젊은 이
장기기증 서류에 싸인하는 자비로운 마음
여러사람 새로운 새생명을 건진다는
병원의 말씀이다.

인간도 큰 자연의 한 부분이다.
그 말씀
눈을 지그시 감고 생각에 든다.

행복 한 빈손

엄마 등에 코를 묻고
나는 엄마냄새가 좋다.
땀에 젖은 엄마냄새가 머그리 좋노!
그래도
나는 엄마냄새가 제일 좋다.

엄마랑
막내랑
큰나무 아래 앉았다.

바람 한 점 지나간다.
그 바람 참 시원 하다, 그자
그래
그 바람 시원하다.

작설차나무
그 아래 두꺼비

두꺼비 엉금 엉금 기어온다.
앞다리 뒷다리 온힘 다해
기어온다.
두눈 끔뻑 그리며 기어온다.
동네 덕있는 노인 말씀
너네집 좋은 일 있을랑갑다.
경사스런 일이 자주 생기네.
그 말씀 고맙습니다.
정말 고맙습니다.
어르신 덕담 참 고맙습니다.
작설차 나무 아래
두꺼비 흙집 짓고 있다.
여름도 더위도 잊고
참선하고 있다.
두꺼비가 나비머리핀으로
멋을 내고 있다.

華
嚴
世
界

해바라기꽃입니다, 어머니

어머니
들판 가득이 황금색 꽃입니다.
바람이 스쳐 지나갑니다.
꽃이 나를 스치고 지나갑니다.
기차 여행을 하며
혼자 피식 웃습니다.

넓은 들 온통 해바라기 꽃밭입니다.
산도 보이지 않고 강도 보이지 않고
오직 해바라기 꽃 뿐입니다.

꽃을 보면
마음이 상쾌합니다.

꽃이기에 꽃에서 느끼는
꽃만의 향기가 오래까지 남더니
내 마음의 꽃 향기가 됩니다.
어머니

茶禪一味

명산^{名山}에는

깊은 샘

물맛이

참

좋다드라.

설법說法 좋은 날

노스님 설법說法 좋은 날
인법당 부처님 탁자 끄트머리 쯤에
금개구리 앉아 있습니다.

노스님 설법說法 좋은 날
아랫마을 아지매보살 얼굴에 하얀 분 바르고
금개구리 탁자 아래 가부좌로 앉았습니다.

노스님 설법說法 좋은 날
개울가 찔레꽃 피어
야단법석입니다.

노스님 설법說法이 좋은 날
개구리들 손에 손잡고
졸다가 깨다가 익어가는 공부입니다.

힘차게 흐른다
폭포는 더욱
비오고 개인 놀

비로폭포

물보라 온산 가득한 폭포 앞에
눈물 가득 온 몸으로 섰다.

절망과 좌절, 배신과 분노를 다 놓아버리고
오직 하나
아미타불 아미타불
아미타불 뿐이다.

폭포물에 씻어진
희망이 싹트고 있다.

두손 합장으로
염불선念佛禪을 익힙니다.

좌절과 절망은
환희의 등불로
염불선念佛禪의 어머니가 됩니다.

우리들 마음
관세음 보살

찔레꽃 붉은 색깔만큼
기분 좋은 날

두손 모아 합장하고
관세음 관세음 관세음 보살

구름 걷힌 청산 인양
기분이 좋아
저 멀리 구름 밖의
달이
됩니다.

몽추 夢秋

코스모스
팔자 닮은 얼굴
아가 아가 부르는 소리
어머니

추석에는 꼭 ……

약속은 메아리가 되고
먼 산 바라보는 저 눈빛

시뻘건 용광로 정진하더니
반야용선의 선장이 되어

웃음 짓는 당신은
관음일래.

맑은 마음
행복 담네

도반

동냥 온 거지와 말벗이 되고
世上事 이야기 저 이야기
첫 버스 타려고 네시에 일어나
아침 일찍 찾아온 거지 아저씨
염불도반으로
두손 고이 접어 합장하고
나무아미타불 나무아미타불
나무아미타불
염불 속에는 웃음이 있고 희망도 있다.

나무아미타불 나무아미타불
나무아미타불

하얀 억새꽃 어깨 넘어로
참빗살 단풍잎 붉은 그 잎새
하얀 봉투 속에 인정을 담아
또 오세요 인사말에
눈시울 젖는다.
우리 도반님.

정진

정진 열심히 하면
인천^{人天}이 돌본다.
법문^{法門} 일러주신 우리 큰스님

마음자리 그 본체를 알면
훨훨 대장부라.

일러주신
큰 스님
법문^{法門}
되씹어 봅니다.

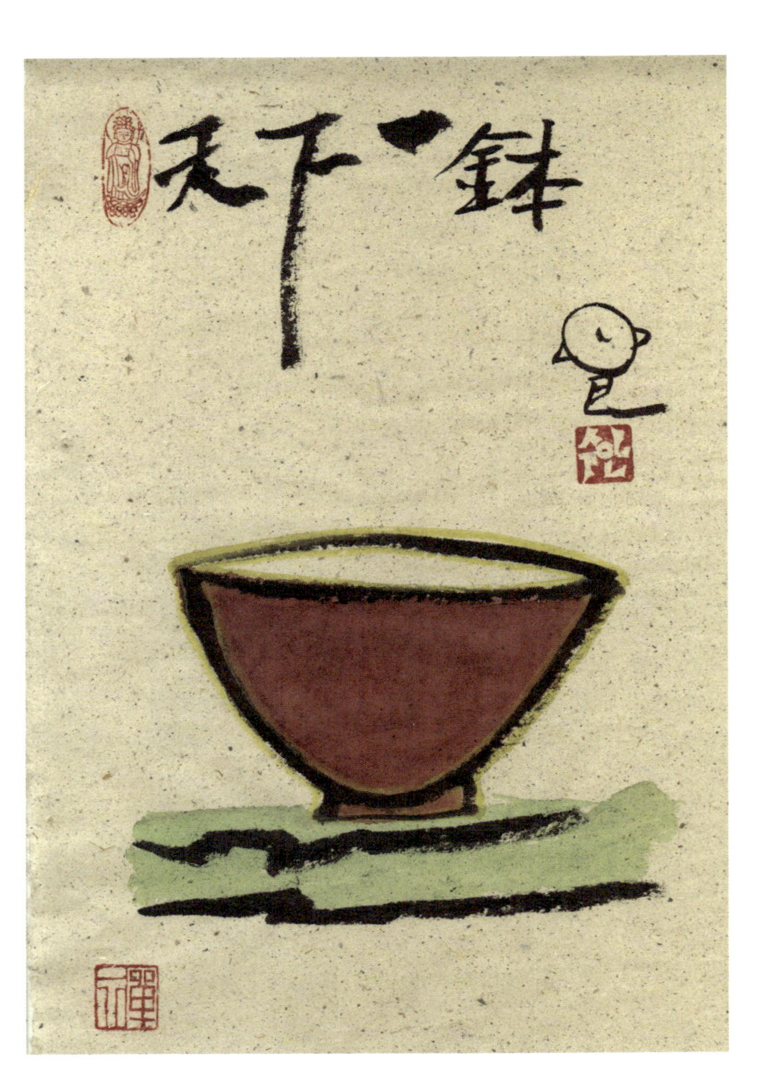

天下一鉢

天下一鉢

바리때 한 벌로 온 세상 포행하는 일
오직
화두의정으로
모든 것 놓아 버리고

좌단시방^{坐斷十方}
오직 의정 하나

수자^{修者}는
모든 하늘과 신^神도
어쩌지 못하거늘

하물며
외도^{外道}들이 어쩌랴.
깨어나라.

• 좌단시방坐斷十方 : 좌우로 끊어진 자리

꽃모시 머니 하얀 정안수
사발과 된장독고
민들레
어매 어머니 우리
어머니
甲午
누월

된장

여행과 독서는 지식을 향기롭게 한다.
일러주신 어머니 생신날 잡지에서
건져올린 된장 글이
참 좋습니다.

된장에는 오덕五德이 있다.
첫째는 다른 맛과 섞여도 제 맛을 지키는 단심丹心이 덕德이요,
둘째는 오래 상하지 않는 항심恒心이 덕德이며,
셋째는 비리고 기름진 냄새를 없애주는 불심佛心이 덕德이요,
넷째는 매운맛을 부드럽게 하는 선심善心이 덕德이며,
다섯째는 어떤 음식과도 조화를 이루는 화심和心이 덕德이다.

싱싱한 배추 된장국
시원히 끓이시는 어머니 음식 맛.
가슴이 저리도록 보고싶다.
아 ……
관세음보살.

一圓相(비움의 충만)

禪室門에는 默言精進中
퇴색된 현판이 정겹다.
도량 한 켠에
천년의 나이를 넘긴
속이 텅 빈 향나무는
탐심도 비우고
진심도 비워버리고
치심도 비우고
속이 터-엉 빈 향나무
향기는
비워서 名香인가 보다.
좋은 향은
게으름 일깨워
밝고 맑은 웃음이 넉넉하다.
觀音舞춤사위 한마당 가득하다.
중생의 환희로운 마음
부처님 둥글고 커다란
一圓相이다.

拈花微笑
甲午
禪

어머니

우리 함께 길을 걸어요.
어머니
빗물 흐르는 방향으로
우리 손잡고 걸어요.
어머니
양지바른 저곳에 매화나무
올망 졸망 매화꽃 하얗게
하얗게 핀 그 곳에
어머니
어머니
소풍가요.
어머니
손 잡고 가요.
어머니
멍멍이가 나비와 술래잡기 하나봐요.
어머니
燈불 밝히고 가요.

나 그리고 세월호

참담하고
부끄럽고 기막히다.
거울 앞에서 나를 본다.
거울 속에 비춰진 나와
거울 앞에 내가 있다.
지금 당장 내가 누고?
연꽃 속에 동남동녀
참선으로 지혜등 밝힌 수행자들
은하수銀河水 수많은 별보다
밝은 선지禪智와 덕행德行은
향연香煙처럼 피어나는
갑오甲午여름 안거 성만 있기를…

갑오 하안거 결제 들고나는 모든 선지식 前에

마음밭 잘가꾸어 이웃과
함께 나누는 福樂

형님아

형님아,
이 세상 살다가 살아가다가
울고 싶을 때
형님아, 형님아, 우리 형님아!
하루 좋은날 잡아서
차＊한 잔 하자.
빡빡한 세상사
이 이야기, 저 이야기
눈물 훔쳐가며 실컷 웃자.
가슴 깊이 담아 둔 못다한
이야기 보따리 풀자.
제발 풀고 살자.
그래도 이 세상 열심히 살았노라
누군가에게 전하고 싶다는
우리 형님아, 형님아, 우리 형님아!

오늘은
좋은날

참 좋은날
동방만월세계약사유리광여래불
좌보처 일광보살
우보처 월광보살
목탁소리는 천상에도 지옥에도
하나되는
염불삼매念佛三昧
중생의 번뇌가
깨침의 진리다.

당신 참
고맙습니다

찬바람 불면

해소병 심하신 우리 할배
기침 소리에
늙은 감나무 홍시 익었다.
기침 소리에
홍시 하나 떨어지고
기침 또 하시면
또 떨어진다.
다담^{茶啖}상 인절미 떡
홍시에 찍어 먹고
파란 가을 하늘에
총총 매달린 빨간 홍시들
가을의 풍성함을 나누어 봅니다.

가을에 익어가는
관음기도

엄청 큰 은행나무
노란 잎새가
가을의 멋이 제일이다.
청년 남녀가 모여 기도정진한다.
박달나무 목탁에
살구나무 목탁채로
기도를 하면
천당에서 지옥까지
맑고 밝은 목탁소리 가득하다.
衆生이 부처되는
정진기도는
청년들 기도정진
환희 넘친다.

세계는
한 송이 꽃

天下名堂靈鷲山아래
通度寺寂滅寶宮은
중생의 꽃씨이다.
총림叢林은 오색의 꽃이다.
一. 禪院은 수좌가 꽃이요
一. 律院은 율사가 꽃이고
一. 念佛院은 염불행자가 꽃이요
一. 講院은 學人이 꽃이고
一. 宗務所는 종무원이 꽃이다.
보궁 작설차 꽃향과 함께
三千拜禮敬정진기도는
四部大衆의 꽃중의 꽃이다.
拈華示衆 하신 부처님
拈花微笑로 답하신 가섭존자
그 꽃향기 멀리 멀리 날아
世界一花다.

法界藏身阿彌陀佛
부르는 나는 누구일까

아름다운 윤회輪回

아래 큰절 산중음악회 날
노보살 삼성각 한 켠에서
작은 목탁 자근자근 눌러치며
관음기도 정진이다.
읍내 장날 (2일, 7일장) 철교다리 한쪽에 서서
두손 꼭 합장하고
지심귀명례 육신공양 올리는 통닭 보살님
지심귀명례 갈매기살 공양 올리는 삼겹살 보살님
지심귀명례 갈비 공양 올리는 우엄매 보살님
길거리 현장에서 정진 익힌 노보살님
죽음의 아름다운 영혼 저 세상 떠나고
화장장 유골에서 오색 사리 나왔다.
평소부터 信하던 노스님 말씀 듣고
오곡밥에다 유골과 사리 섞어
남해 청정바다에 살포시 뿌리고 돌아서니
서쪽 하늘엔 오색서광이 가득타.
스님과 신도가 환희 환희 이다.
法界藏身南無阿彌陀佛(十念)하면서
내가 나에게 물어본다.
나는 누구일까.

是甚麽

지혜동자와 수선화

웃음의 꽃花공양

南島에 사는 막내누이

영축산 부처님께

꽃 공양 올릴때

하얀 눈송이가 송알 송알 송알

水仙花 향기와

누이의 예쁜 눈빛

맑은 웃음

마음눈 맑고 밝은 수행자(사람)

작설차 담담히 머금고

自性佛微笑

그런 꽃공양

이었음 합니다.

받으세요.

內明이면 獨坐大雄峰 하리라

동중정 動中精

故鄕이 그리운 흰구름
영축산 품을 찾는다.
엄마가 그리운 흰구름
白雲庵을 찾지요.
참선 명상도 하고
염불 노래도 하며
기도 춤도 추고
觀經 그림도 그리고
呪力 조각도 하지요.
어머니 품속같은 名山
근심 걱정 비우고 버리고 닦아
예술 가운데 예술
내가 나를 바라보는
나는 누구일까?

심명 心明

길 위에서 태어나고
길에서 成佛하사
길 위에서 說法하시다.
길에서 반열반에 드신
석가모니 부처님
병든 이에게 어진 의사가 되고
길잃은 이에게 바른길 가르치고
어두운 밤중에는 광명이 되고
가난한 이에게는 黃金을 얻게 하시다.
산신님과 龍王님 하느님들
마음 비춤 공부하는 이들 돌보시니
오…
善財라.

통영 갯냄새

속이 부글 부글 끓을때
통영 앞
사량도 관음사 가고 싶다.
부처님 참배 하고
파도 앞에서
배꼽 아래 단전 열기를
토하고 싶다.
동백숲 맑은 공기 실컨 들이마시고
몸 속 탄산가스 다 토할 때,
다 토했을 때
앞만 보던 생각을
뒤돌아보면
아차!
나를 찾아본다.
나는 누구일까.

禪中有畫

명심^{明心}

기쁨도 그렇고
슬픔도 그렇다.
꽃도 예쁘지만
초록 잎새 예쁘다.
모든 것 마음의 조화다.
禪으로 잘 비워진
明心
행복 나눔이 순조롭다.

慈藏庵

자장洞川물 맑은 날
금와보살 친견 가는 날
기분 참 좋은 날
화엄경 도란 도란 외우며 걷는 날
꽃들이 웃는 날

精進

배꼽아래 단전까지 들숨
온몸 탄산가스 내뱉는 날숨 쉬면서
나는 누구일까?
화두 의정이다.
앉을 때 움직일 때
누울때 묵묵 할 때
나는 누구일까.
화두 의정 하나로
정진 또 정진
화두가 목숨일 때
공부꾼은
오직
나는 누구일까.
담담하다.

光明燈

병든 이에게 의사가 되고 길 잃은 이에게 바른길 가르치고
어두운 밤중에 광명이 되고 가난한 이에게 황금 얻게 한다.

- 화엄경행원품

큰 잔치 밥상에 간장이 빠지면 아니다.

- 한국 영축산 통도사 방장 소참 법문

고속도로 길섶에 간혹 피어있는 백합화

- 호주 시드니 정법사

해 질 녘 커피 잔 앞에 하고 황금빛 바다
잔잔한 파도 바라보며 아름다움에 눈물이다.

- 이탈리아 베니스

파란 유리 쟁반 녹색의 음식 가득 담겨진 음식상
황색 흑색 백색인들 삶의 터전 움직이는 禪客들

- 영국 런던 하롯드 백화점

버버리 코트 정장으로 禪의 妙 질문에
가갸 거겨 적어 전하니 뜻은 모르지만 아름답다고 인사다.

- 프랑스 파리 드골 공항

畵禪一如의 간결한 숨결 고맙고 감사한다.

三葉菊花
柔里

세 잎 국화^{三葉 菊花}

초봄 새싹은 쌈과 나물무침으로
식단 가득 오르고
삼복더위 아랑곳 없이
키가 큰 꺽다리 꽃은 황금색이다.

시자를 앞세운 조실스님
아침 저녁 꽃에 물주다,
"여름 가뭄에 황금색 꽃 피운다 고생했제"
노스님 칭찬은
환희심으로
두손 모아 합장이다.

오색 영롱한
영축산

중추절

신평 닷새 장날
못안 당숙모 토란 팔러왔고
평산 숙질부 반시 이고 왔다.
고만 고만한 살림살이
추석 대목앞이라 넉넉들 하다.
지산 순이네는 들국화 귀머리에 꽂아
작은 얼굴이 더 예뻐보인다.
아이 등에 들쳐업은 花開 할매는
관세음보살 관세음보살
앉으나 서나 관세음보살
動中禪을 익힌다.
닷새장 마당에서 바라보는
영축산 석양이 너무 좋아
주루룩 눈물이다.
산감이 많이 달리면 풍년이라고
잡화장사 할배 미소가 참 좋다.

梵鍾閣
筆山
五色玲瓏之

산행길

산행하다 만난
황토벽 나즈막한
초가집
키 큰 감나무 한그루
야트막한 언덕 밑
샘 옆에 하얀 국화 피었다.
주인 마음 씀씀이
是日같아
山行 돌아오는 길
저녁 노을 더불어
큰절 종소리에
산행길 가볍다.

영축총림
서기광명

영축산 산내에

극락암 백련암 백운암 보타암 비로암 사명암

서운암 수도암 안양암 자장암 축서암 취운암

십이 암자를 품에 안은 통도사 화엄산림 법회는 인산인해다.

경봉대선사 화엄경 첫 장을 여시니

우담바라꽃 향기가 중생의 가슴에 담아지다.

경하대강백 족하足下에는 지연사미 서장,

도서 외워 청강을 바쳤다.

일타 도견 철웅 석정 우룡 지종

자승 종하 명정 정명 원명 원각 수옥 혜춘

동서남북東西四方에서 사부대중 운집雲集하니

용사龍巳가 혼잡하고 오색이 영롱하다.

영축산중 석가여래 정골사리 자비보탑 서기광명 빛나니

복전福田에 뿌린 씨앗 예쁜 싹에 꽃이 되니

맛있는 열매 맺어 육법공양 올릴제

육도무생六度衆生 모두 함께 정각正覺을 이루오리다.

석가모니불 석가모니불 나무석가모니불.

鉢
天下一

甘露茶

우리나라 대한민국은 명산 명당이 많다.

명당 세 곳을 생각한다.

평지의 명당은 영축산 통도사요,

중앙의 명당은 금강산 유점사고

북쪽의 명당은 묘향산 보현사다.

영축산에 금샘과 은샘이 있다.

두 샘물 길러 독에 담아 하루밤 재워

정성껏 차를 다려

부처님께 올리는 차茶는

병신년 새해 새날

불자님들 기도정진 지혜 복덕 이루리.

등불 이름 되찾아 참 고맙다.

오색영롱한
영축산

삼보일배

화엄경 법문은 큰 감동이다.
행동으로 옮기기까지는
선근종자 싹터 꽃피고 열매 맺었다.
천하 제일명당 명산
영축산문 무풍교에서
좌로 통도천 '川'
우로 무풍한송
나무석가모니불 세 걸음에 큰 절 한 번 하는
삼보일배 용맹정진기도
혼자보다 대중들과 정진함은 큰 힘을 얻는다.
솔바람 소리 냇물 소리
은은한 달빛
남여 도반들,
적멸보궁 향한 삼보일배
맑고 밝은 서기광명
정진대중 함께
영축총림 통도사의
살아숨쉬는 힘이고 빛이리.

香聲

오솔길 걷다.
길섶에 놓인
빈병에
꽃가지
하나에도
행복이 대롱대롱
매달렸다.

생강나무꽃 아래
염불소리

개울 물소리 맑은 날
생강나무 노란 꽃 구경은
단조성 하얗게 쌓인 눈과
잘 어울린다.
아랫마을 할매보살님
눈 온 뒤라 떡장사 쉰다며 찾아온 사연은
"아미타불 염불하면 좋은데 가나"
질문에
"그러믄요, 그러믄요"
"지금 당장 복입니다."
뜨겁게 호호 불며 마시는 차 맛
아미타불 마음으로 念하며
전생 래생 다 그냥 두고
지금 당장 나는 누고?

煎之色玲瓏
영혹산

엄마 손은 약손

약사경 사경기도 할 때
우리아기
미운 네 살 짜리 아기
배가 아파 딩굴면
엄마 손은 약손
아기 배는 복배
노스님 주신 침향沈香향기가
온 산 가득하다.
약사 여래불
우리 아기 복배
엄마 손은 약손
봄꽃 더불어 엄마 보고플 때
먼산 뻐꾹이 소리 들리다.

淸供
오색영롱한 영종축산

일체유심조 一切唯心造

집에서 몸 조리하세요.

병원의 말씀이다.

큰 북 같은 배를 안고 집에 왔다.

건강 찾고싶다 욕망이 이글거릴 때

한 통 전화는 꿈과 희망이 용솟음친다.

어머니 태중일 때 탯줄을 통해

배꼽으로 영양공급이었다.

기가 막히다를 기가 통하다.

긍정과 부정일 때 긍정이다.

반야심경 이백칠십 자 한 획 한 자씩

검지 손가락이 닳고 또 닳도록

배꼽 위에다 사경이다.

시간과 날짜도 잊고

무아지경의 사경기도 뿐이다.

묵직하게 느껴지던 아랫배가 움직이더니 급하다.

정낭으로 급히 가서 날 것 같은 기분의 시원함이다.

뱃속이 다 비워진 상쾌함이다.

따뜻한 차※한 잔 공양 올리며

부처님 고맙습니다.

이 순간 나는 누구일까?

율무숲에서

율무숲에서 울면서 정진하다
젊은 스님이 발심하여 만행길 나섰다.
율무로 만든 백팔염주 돌리다 보니
율무염주 알알이 보석이다.
큰 나무 아래서 쉬며 정진하고
무덤 사이에서 아늑함 느끼며
스님의 걸음 닿는 곳이 적멸보궁을 느낀다.
넓고 큰 호수가 바라다 보이는 산 언덕에서
염불 정진 중에 숨을 거두다.
시신은 삭고
율무염주알에서 싹이 터서 율무숲이 되었다.
노스님 이곳을 지나시다 율무숲에서
인골 몇편 주워, 마른나무 주워 화장하며
'원왕생 원왕생' 염불기도에 눈물이 난다.
두손으로 눈물 닦고 또 닦아도
흐르는 눈물 감당키 힘들어
실컷 울고 운다.

입재, 그리고 회향

천년노송千年老松감아돌며 기도하는 네 모녀
화엄지華嚴智랑 관음행觀音行 그리고 관음지觀音智는
법성화 노보살님 삼형제 딸들이다.
백일기도회향과 입재를 거듭 하다 보니
팔천 일이 훨씬 지나 생사를 건 용맹전진 기도이다.
팔순이 넘으신 노모와 세 딸
영축산 통도사 산내 암자 부처님 친견 순례 기도다.
금생에 처음 있는 용맹정진기도는
목탁 대신 손뼉치며 관세음 관세음 관세음보살
작은 차를 타고 한 암자 한 암자
부처님 친견 예배 기도
천 년 노송 아래로 흐르는 개울 물소리

관세음 관세음 관세음보살
하는 일 모두 좋은 인연맺으라
사랑으로 이어진 가족 기도는
부처님 고맙습니다.
아름답고 좋은 인연 성불로 이어져라.

큰스님의 수선화^{水仙花}

선정^{禪定}익히면서 마음을 열면
산과 들에 풀 한 포기 나무 한 그루
개울가 작은 돌맹이도 스승이시다.
큰스님
이름 석 자 그냥 얻어진 것이 아니다.
오직 선정 익혀 정진한 결과이다.
남쪽 바다 제주도 남제주 삼방굴사
현무암 돌담 아래 겨울 하얀 눈 속에서 핀 수선화
손가락으로 가리키신 큰스님
개울가 반석 위에 숯가루를 먹물 삼아 칡붓 만들어
부처 佛 쓰고, 또 쓰고 부처 佛 정진이다.
재일교포 노부부가 큰스님 친견왔다.
年 前前에 입적하심을 상세히 일러주다.
지진 후 화재로 삶의 극단적 생각으로
고국에 모셔진 조상묘 참배 후
천하명산 영축산 통도사 부처님 참배하고
돌아서니 큰스님 내미신 부처 佛
힘들 때 다시 용기 내면 잘 될 끼라.
수선화 꽃 공양 부처님께 올리오니
눈물이 된 웃음이 얼굴 가득이다.

정진 또 정진 뿐

일어나는 것은 번뇌 망상이요,
쏟아지고 퍼붓는 것은 잠이다.
겨우 공부 익을만 하면 끊어질 듯 쑤셔오는 다리 통증
잇몸이 붓고 이빨이 솟고 오직 용맹심으로 정진이다.
"숨 쉬지 않는 몸둥이는 송장이다"
화두를 극에 닿게 강하게 정진이다.
송장 끌고 다니는 이 뭣 고,
용맹 정진 화두 챙김이다.
졸지마라. 어깨를 파고드는 죽비소리
청량골(척추) 곧추 세우고 오직 화두 정진이다.
몸뚱이 조복 못 받으면 누진통漏盡通은 멀다.
어느 순간 호흡 안정이다.
포행도 선정중禪定中이다.
동중정動中靜 익는다.
몸으로 익히지 않은 정진은 간혜지라.
머리 들고 앞산 바라보니
산 첩첩이요, 물 잔잔이다.

오색영롱한 영축산

육법공양 ^{六法供養}

燈供養
나는 님에게 등불공양 올리면서
마음 밝힘을 배웠습니다.
香供養
나는 님에게 향 공양 올리면서
마음 밝힘을 배웠습니다.
茶供養
나는 님에게 차 공양 올리면서
물의 귀중함을 배웠습니다.
花供養
나는 님에게 꽃 공양 올리면서
예쁘게 꾸밈을 배웠습니다.
果供養
나는 님에게 과일 공양 올리면서
얼굴에 미소를 배웠습니다.
米供養
나는 님에게 마지 공양 올리면서
서로서로 어울림을 배웠습니다.
六法供養
나는 님에게 육법공양 올리면서
봄 복사꽃 붉게 피고, 여름 버들잎 푸르름에
고맙다 인사말 배웠습니다.

이천십
육년

어리석은 생각

탐욕의 노예가 되어
파멸의 문으로 들어 가다.
이천십육 년 십일월
중생의 어리석음은
지진과 해일로 폭우를 동반한 태풍처럼
꺾이고 쓰러진 갈대는 꽃 피고
땅국화 향기
나비 춤추게 한다.
반야의 공空,
참선 정진으로 깨쳐
즐거운 삶
웃는 얼굴
색즉시공色卽是空 공즉시색空卽是色
공空의 묘妙다.

觀笑

가족의 꽃

고깃배 오색 깃발 달고
선창에 들어서면

보리밥집 엄마 손맛은
신바람 난다.

잘 삭은 복락 젓갈 쌈장에
풋마늘 아삭 고추 깨무는 맛

갯바람 온몸으로
막아주며
술잔 기울이는 아버지

남쪽 섬에서 얻어온
수선화 몇 포기 내밀면서

"고생했제"
수선화 손에 든 엄마 얼굴이 꽃이다.

행복동자
정유
부처는

봄꽃

키가 큰 참나무
그 아래
오래된
무덤

산
오르고
내릴 때

쉬었다.

키 작은
각시붓꽃
옅은 청색 꽃 피었다.

귀하디 귀한 꽃이다.
봄이니까.

鉢天下一

쑥차 한 잔

갯가
선창가 돌 틈에
다북쑥
파도소리와 갯내음에 잘 자랐다.
어부 아낙들 버린
바지락 거름도 한몫했다.
오월 단오 전쯤
한아름 꺾어
햇볕 피한 음지에서
바람결에 잘 말려
무쇠솥에 살짝 볶아
다북약차라 이름 했다.

해질녘 석양빛 등에 건 노인
목이 말라 물 찾을 때
따끈한 다북쑥차 한 잔에
밝게 미소 지으며
피로가 확 풀린다.
그 인사 말씀 한 마디가
사람의 꽃향이 되어
멀리 나아간다.

세존島의 꽃

두미 욕지 연하도 지나 세존도
연한 청색꽃 핀 걸 보면

행복이라는 두 글자 모르는 사람도
온 얼굴이 웃음꽃이다.

절해고도 무인도
털투성이 넝쿨에 생명줄 걸고
환하게 웃고 피어있는 꽃 한 송이

삶의 색을 잊어버린 사람이
온 힘을 다해 말을 한다.

세상천지에 이런 환경에서도
꽃이 피다니.

삿갓같은 여산재

산소 같은 여산재

동박새 날개짓은
큰 산도 넘고
긴 강도 건너다
산 밝고
물 맑은
이 터에
茶 벗
詩 벗 친구
음악 더불어
풀 꽃 향이다.

2016년 7월
전북 완주군 비림에 세워진 시비 詩

日光佛
月光佛 衆生卽是佛

날마다
새론날

하늘의 별의 맑은 정기가 한데 어우러져
단조성을 밝히니
영축산 일주문
만년노송
개울물 쪽빛 수정알처럼 흐른다.
묵은해 보내고
새해를 맞으매
두 손 모아 합장한 예쁜 손매무새
우리들 소원 하나 하나가
부처님 자비하신 미소다.
온 누리 누리 마다
밝은 희망
맑은 눈빛
새벽 닭 홰를 치니
봉황이 깃들다.

닭은 五德이 있다 古人의 말씀이다.

丁酉 2017. 1.
오색영롱한 영춘화산

춘광 春光

출입문 중간에
새가 웅크리고 앉아 있다.
손을 내밀어도 별 반응이 없다.
두 손으로 감싸 안아보니
솜털이 소복이 날린다.
구 구 구 구 구
산비둘기 울음소리다.
작은 생명의 숨결은
바람으로 들어갔다.
싸늘한 냉기가 손바닥을 통해 느낀다.
원왕생 원왕생 극락세계 발원하고
동백나무 아래 봉분 없는 묘
해제 뒤라
걸망진 스님이
검정 고무신에
낙화된 동백꽃
소복이 담아 들고
떨어진 동백꽃 예뻐서
방그레 웃는다.

정유丁酉1. 23.

영축산 통도사
생각는다

자식 셋 키우는 홀어머니
시간제 아르바이트 한다.
할머니가 일러주고 어머니가 일러준
관음경 보문품 가슴에 담고
관세음 관세음 관세음 보살
버스도 타고 기차도 타고
영축산 통도사 찾아들면
머리가 밝아지고 생각이 맑아진다.
영축산은 명산이고, 통도사는 큰절이다.
생각하는 산, 기분좋은 절
참 고맙습니다 인사말 절로 나온다.
나는 누구일까 화두 참구하며
온 몸으로 웃습니다.

영축산 통도사 냇물 앞에 서서.

기다림

어쩌다 비가 내리는 개울 뚝길을 걷습니다.
우산 위로 떨어지는
빗소리 듣습니다.
그 사람이 생각납니다.
좀 더 기다릴 걸 그랬나…
유리처럼 맑은
잘 삶은 국수가닥처럼
생각을 다듬어 봅니다.
비가 오는 날
빗물이 되고 싶습니다.
목이 긴 하얀 학
긴 다리처럼
기다림이 필요합니다.

바닷가에 서서

바다를 바라보면
마음이 바다다.
엄마아~
불러보면
아기가 됩니다.

2017년 4월
바닷가에 서서

양산 박보살

다섯 번 씩 차를 바꾸어 타고
영축산 통도사 들어서면
가슴이 탁 트이고
머리가 맑아진다.
도반들에게는 맑은 양산박보살로 통한다.
앉으나 서나
관세음보살
그 신앙의 깊이 만큼이다.
가까운 사람 걱정하면
관세음보살 하이소.
근심 걱정 없어집니다.
아기 같이 웃는다.

2017. 5. 25

에필로그

아주 오래전, 영축산 자락에는 부처처럼 익어감을 소원하는 자비의 선승 있었습니다. 그리고 세월 지나 그 선승을 일생의 스승으로 받들며 살아가는 그림 그리는 묵묵한 수좌 있었습니다
60여 세월을 영축산인으로, 부처의 후예로 살아가는 그는 선서화의 대가 수안스님입니다.

출가승으로, 그도 선방의 수좌로 한 시절을 가열 차게 살아냈던 수안스님에게 있어 그림은 정진이기도 했을 것입니다.
누군가는 ‘방편’이라고도, 또 누군가는 ‘예술’이라고도 칭하는 수행자의 그림이 선서화가 수안스님에게는 ‘마냥 수행’이었음을 조심스럽고도 정중하게 표현하고 싶습니다.

20여 년 전, 기자의 신분으로 찾아가 설부른 질문으로 당신의 말씀을 듣고자 했던 저는 그 시절 당신의 강건함도 보았고, 20년 흐른 지금은 걸림 없이 유연해진 자애로운 당신과 마주하고 있습니다. 그것은 수행의 내면에서 끌어올린 힘이며 그 오래전, 영축산의 한 선사처럼 유유히 자비롭던 농익은 깊이가 분명할 줄로 압니다.

세상을 풍요롭게 하는 힘은 개인의 노력만으로는 불가함을 알고 있듯이 다수의 모두가 모여 저마다의 기량을 발휘하고 처처에서 무진의 '장엄'을 해 주었을 때라야 가능함을 이미 알고 있습니다.
부처님의 가르침을 전하는 승가 역시 다양한 수행법으로 중생들을 이끄는 일을 마다 하지 않고 있습니다. 그 가운데 수안스님은 수행을 바탕으로 한 그림으로 불법홍포의 길을 열어 왔고 붓을 들어 다시 갈 길을 제시하고 있습니다.
여기, 오래도록 머금고 있던 수안스님의 최근 정진이 한 권의 책으로 엮여져 대중 속으로 향하려 합니다.
분별없는 마음으로, 오직 한 생각으로 부처로 나아가는 길을 제시하고 있는 여름날의 안부를 그림과 함께 당신께 드리고 싶습니다.

영축산인 수안스님의 긴 안부를 담아 냅니다.

맑은소리맑은나라 대표 김윤희 드립니다.

행복 주머니

————

초판 1쇄 발행 2017년 7월
초판 2쇄 발행 2017년 8월

글과 그림 _ 수안
펴낸이 _ 김윤희
디자인 _ 박미진

펴낸곳 _ 맑은소리 맑은나라
출판등록 _ 2000년 7월 10일 제 02-01-295호

주소 _ 부산광역시 중구 대청로 126번길 18
전자우편 _ puremind-ms@daum.net
전화번호 _ 051-255-0263   팩스 _ 051-255-0953

값. 17,000원
ISBN 978-89-94782-60-7 13220